PATRICK BOUCHERON
COMO SE REVOLTAR?

TRADUÇÃO
CECÍLIA CISCATO

editora■34

COMO SE REVOLTAR?

CONFERÊNCIA PRONUNCIADA EM 13 DE FEVEREIRO DE 2016
NO TEATRO DE MONTREUIL, NOS ARREDORES DE PARIS,
E SEGUIDA DE UMA SESSÃO DE PERGUNTAS E RESPOSTAS.

Não estou acostumado a falar de Idade Média para jovens. É por isso que me apresento a vocês emocionado e intimidado. Para que tanta apreensão? Nem precisava: é fácil contar histórias medievais aos jovens porque, de certa forma, a Idade Média está aí para isso. Durante muito tempo, e talvez até hoje, chamamos de "Idade Média" a infância do mundo em que vivemos. Talvez seja isto o que atrai nesse período antigo e próximo, o mais próximo dos períodos antigos, por assim dizer: ele nos permite compreender aquilo que já não somos, isto é, aquilo a que precisamos renunciar para sermos o que somos hoje. Vêm daí todos os sentimentos que essa idade inaugural nos inspira: diversão, indulgência e ternura, mas às vezes também uma reprovação severa.

A ideia de que devemos manter uma relação genealógica com a Idade Média tem, porém, algo de simplório. É preferível dizer, e confesso que talvez seja este meu caso, que a Idade Média seria algo como a adolescência de nossa modernidade: sua idade ingênua ou revoltada — depende. Esse período pode até se dar ares de superioridade, mas, como diz com razão o escritor Pierre Michon, ele sempre acaba produzindo um "efeito de panela": o tilintar estridente de um ruído alegre e desordenado. Por essa razão, se é sempre possível exibir no cinema as túnicas majestosas da Antiguidade (pensem em Alexandre, o Grande, herói infatigável da aventura ocidental), tudo cai por terra no caso da Idade Média. Esse período da história combina melhor com filmes mais modestos, mais irônicos, mais desconjuntados — pensem em *Perceval, o galês*, de Éric Rohmer, em *Monty Python em busca do cálice sagrado* ou no que vocês bem quiserem. Vocês já viram manuscritos com iluminuras? Com certeza perceberam que, mesmo nos livros mais sérios e solenes, sobretudo neles, aliás — salmos, livros de horas e outras obras de devoção religiosa, por exemplo —, não é raro ver pequenos personagens fazendo piada, macacos mostrando o traseiro, monstros rivalizando em insolências e em gracejos. Esse zé-povinho que habita as margens das páginas, prestando-se a revoltas minúsculas, compõe uma espécie de trilha sonora da Idade Média: uma chacota permanente, que contraria o espírito sério que poderíamos atribuir a esse período.

Quando sugiro que a Idade Média tem mais a ver com a idade turbulenta dos adolescentes, estou pensando em um grande historiador que aceitou o desafio de se dirigir a jovens leitores, especialmente no livro *La Chevalerie racontée aux enfants* [A cavalaria explicada às crianças]. O nome dele é Georges Duby. De fato, a Idade Média que mais lhe interessava — a laica, juvenil e enérgica dos cavaleiros, dos torneios e dos castelos — é também a que mais interessa aos jovens. Mas o que vinha a ser um jovem na Idade Média? Em que idade nos tornávamos jovens, em que idade deixávamos de ser jovens numa sociedade em que, conforme as circunstâncias e, sobretudo, as condições sociais, alguém podia ser velho aos quarenta anos, o que coincidia praticamente com a expectativa de vida de um camponês? É claro que os nobres, que eram bem nutridos, podiam viver muito mais, desde que tivessem a prudência de se manter longe das guerras: era a idade, ou a esperança de chegar a uma idade avançada, que lhes conferia poder.

Se tomarmos o caso dos cavaleiros, os jovens — em latim *juvenis*, de onde deriva justamente o adjetivo "juvenil" — formavam uma faixa etária bastante peculiar, que se situava entre a sagração (cerimônia de ingresso na ordem dos cavaleiros) e o casamento. Mas, muitas vezes, o casamento acontecia bem tarde para os nobres. Um cavaleiro como Guilherme Marechal, cuja história Georges Duby contou, casou-se aos 45 anos. Isso foi em 1189. Desde os quinze anos, já se dizia que ele era jovem, isto é, que não era casado, que não tinha nem castelo nem domínio próprios; não tinha, portanto, meios de subsistência. Tinha de esperar a morte de seu pai para então sucedê-lo. Enquanto isso, partiu em busca de aventura.

É esse o período da vida que Georges Duby chama de "o tempo da impaciência, da turbulência e da instabilidade". Uma longa adolescência? Talvez. Percebam, no entanto, até que ponto esse intervalo é essencial no imaginário social da cavalaria: é ele que ainda hoje define a ideia que fazemos dela.

Mas afinal o que o nosso cavaleiro faz? Seu ofício é a guerra. Saber manusear armas justifica sua dominação social, isto é, o fato de poder explorar sem nenhum constrangimento o trabalho dos camponeses. O cavaleiro gostaria de manter-se vivo até a morte de seu pai; ao mesmo tempo, leu nas novelas de cavalaria que, na sua idade, é preciso "buscar a aventura". E por que não? Mas é preciso ser razoável. Participará então de torneios ao mesmo tempo teatrais e esportivos, grandes competições cavaleirescas chamadas de "justas". São simulacros de combate muito ritualizados, com regras claras, garantidas pelos príncipes, a fim de evitar que o enfrentamento seja perigoso demais, sem deixar de ser espetacular — muito embora seja perigoso mesmo assim. O que o cavaleiro espera dessas "justas", além de conquistar o coração das damas (em outras palavras, ficar bem colocado no mercado de noivas), é obter prêmios e resgates, por vezes bastante lucrativos, que lhe permitam viver como nobre.

Mas há um porém: como explica muito bem Georges Duby no texto "Les jeunes dans la société aristocratique" [Os jovens na sociedade aristocrática], no qual eu me baseio aqui, há nessa estrutura das idades uma primeira revolta, quase inevitável na sociedade cavaleiresca da Idade Média: a revolta do filho contra o pai. O filho gostaria que o pai não demorasse a lhe ceder seu lugar, mas o pai ainda não está disposto a fazê-lo. Se pensarmos em todas as novelas de cavalaria, nos ciclos arturianos da Távola Redonda e da busca do Santo Graal, do que mais eles falam senão das mesmas histórias de infidelidade, traição e rebelião contra a autoridade? E, antes de tudo, da primeira delas: a rebelião contra os pais. Com todo o direito, podemos dizer que não há como ser jovem senão se revoltando. Nesse caso, a Idade Média é, sobretudo, uma época de adolescentes tardios, obstinados em se revoltar contra os pais. Podemos ir ainda mais longe e observar que, em relação a esse grande período de autoridade que é o de Roma, a Idade Média se faz sem parar a questão crucial de toda e qualquer filiação: como herdar, o que devo herdar, posso escolher o que herdar?

Mas acho que estou me perdendo: havia prometido falar da infância e estou me alongando na adolescência. Vamos seguir então, sempre de trás para a frente, sempre em busca do sentido das palavras. As que designam a criança em latim medieval são *infans* (mais empregada para os recém-nascidos e as crianças bem pequenas) e *puer* (vocês reconhecerão os termos modernos que derivam daqui: "pueril" ou mesmo "puericultura"). A partir dessas palavras, ramificam-se diferentes sentidos: os fiéis da Igreja serão chamados de "crianças de Deus", e, como a sociedade medieval está organizada por um encadeamento de parentescos fictícios, há uma homologia entre a relação de Deus com o fiel, do rei com o súdito, do marido com a esposa, do pai com a criança. Como se revoltar numa sociedade assim? Aí está todo o problema.

E há também outro problema decorrente: nas fontes documentais, quando se diz que os *pueri* se revoltam, o que isso significa exatamente? Tomemos um exemplo, tão famoso quanto ainda misterioso: em 1212, aconteceu uma cruzada que durante muito tempo foi chamada de "a cruzada das crianças", já que as fontes dizem que os *pueri* empreenderam a grande travessia, o caminho que leva aos lugares sagrados de Jerusalém. Haviam feito essa peregrinação armada como se fossem cavaleiros, com o pequeno detalhe de que não eram cavaleiros. Durante muito tempo, os historiadores que leram esses textos pensaram que se tratava de crianças, mesmo que essa história de crianças viajando sozinhas para tão longe parecesse um pouco estranha. Isso explica por que esse episódio tornou-se tão conhecido: como não foi muito bem entendido, atiçou a nossa imaginação.

Hoje somos mais desconfiados. É quase sempre assim com os historiadores, cujo trabalho consiste em desapontar a imaginação, de tanto estudar de perto as oscilações das palavras nos textos e a maneira teimosa como elas resistem à nossa compreensão: esses estraga-prazeres profissionais perseguem hipóteses para frear nosso entusiasmo. Então eles se perguntam se os escribas não queriam dizer na verdade "pobres", "miúdos" ou "humildes" quando escreviam *pueri*. Essa seria então uma cruzada dos pequenos, dos fracos e dos desarmados. Se os *pueri* abandonam seus vilarejos para ir lá onde os cavaleiros deviam ir, se, em suma, tomam o lugar deles, talvez isso também possa ser uma forma de revolta: ao ouvirem o chamado da Igreja para participar da cruzada e ao responderem a ele por conta própria, contestam a ordem social que esse chamado queria justamente reforçar, uma ordem fundada na rígida distinção entre os que rezam, os que combatem e os que trabalham.

Trinta anos mais tarde, em 1251, aconteceu outra cruzada, a cruzada "dos pastorinhos", igualmente famosa e rica de todo um imaginário que talvez corresponda ao mesmo tipo de raciocínio. O que quer dizer "pastorinhos"? Como podem ver, continuamos a girar em torno das palavras e da dificuldade de estabelecer um sentido para elas. "Pastorinho" significa "guardador de rebanho", "pastor". Seriam criadores de animais ou seriam pastores no sentido metafórico, evocando as hordas de pessoas humildes que se deixam guiar pelo poder pastoral do vigário local? Não sabemos. Mas em 1321, sessenta anos mais tarde, aconteceu aquilo que nossos arquivos designam como segunda cruzada dos pastores, e aqui já não restam mais dúvidas: trata-se de uma revolta camponesa.

Seria essa a chave do enigma, a palavra final da história, o desfecho da intriga, que lança luz sobre seu início obscuro? As crianças ou os pastores a quem as fontes documentais fazem referência seriam desde o começo, desde 1212 portanto, pessoas em revolta? É possível, mas não é certeza. Seja como for, é muito tentador elaborar essa hipótese. Compreenderíamos assim, ainda que com certo atraso, o sentido das palavras que, por engano, foram tomadas ao pé da letra.

A partir de agora, não há como duvidar: na Idade Média, infância e revolta andam juntas. Vejam como estamos progredindo, por correções sucessivas. Se nos pareceu que a Idade Média poderia ser considerada a infância da nossa história, talvez tenha sido porque quisemos acreditar que ela tenha sido a infância da obediência. Durante muito tempo, os historiadores imaginaram a sociedade medieval como uma sociedade amedrontada, dominada pelo temor do castigo divino e da violência senhorial, um mundo de crianças crédulas e dóceis. Aliás, talvez por isso eles a amassem: encontravam nela — alguns ainda encontram — um ideal de ordem social implacável, uma sociedade sem Estado, mas estritamente controlada; em resumo, uma espécie de idade de ouro da autoridade consentida. Esta não é a minha Idade Média. Se eu a amo, ainda que não tenha certeza de amá-la, certamente não é por essa razão. Em primeiro lugar, porque não sou especialmente fã da credulidade e da docilidade; em segundo lugar, porque não acho que a história medieval tenha sido uma história de crianças obedientes.

Entretanto, é basicamente isso que se conta nos livros didáticos quando chega a hora de estudar a Idade Média na escola. Como ela é apresentada? Como a época dos castelos fortificados. Não é mentira. Os castelos e as igrejas são os principais vestígios visíveis e imediatamente reconhecíveis do período medieval, na cidade e no campo. Há muitos outros, como o traçado das propriedades rurais, as estradas, os vilarejos, as feiras e as cidades, mas nem sempre os identificamos tão claramente, uma vez que marcam a paisagem como sinais profundos, mas discretos. Todo o resto desapareceu, foi engolido pelo tempo.

Se muitos castelos resistiram, não foi por acaso. Eles organizavam todo o espaço medieval — o espaço material dos territórios e o espaço social das relações entre os homens. O castelo atrai o povoamento, agencia os terrenos, define os vilarejos. Quem vive à sombra do castelo se submete às exigências senhoriais (os impostos que o senhor cobra dos camponeses sob seu domínio em troca de proteção), quem vive dentro do castelo reparte o fruto dessa receita (em função de uma hierarquia de cargos honoríficos). Tradicionalmente, os historiadores chamam o primeiro sistema de "senhorial", e o segundo, de "feudal". Ambos garantem a estabilidade de uma sociedade organizada com rigidez, pois o poder está nas mãos daqueles que, localmente, detêm os castelos.

Os castelos e as igrejas — sempre essa dupla aristocracia da guerra e da prece. A sombra do campanário vale tanto quanto a sombra da torre do castelo, e os clérigos estão também no comando das senhorias (levando-se em conta que, no caso, são senhorias coletivas). Para completar o quadro, eu acrescentaria que, na cidade, vive-se à sombra das torres. Para resumir, é um sistema global de submissão que podemos associar, mais uma vez, à força de uma palavra. Essa palavra é *fides*, que se refere ao mesmo tempo a "fé" e a "fidelidade". Duas coisas muito diferentes para nós, mas que as mulheres e os homens da Idade Média não distinguiam, pois obedecer a um senhor e acreditar em Deus era uma coisa só: conformar-se a uma ordem — uma ordem ditada no céu, uma ordem inalterável sobre a terra.

Vocês agora têm todo o direito de fazer uma pergunta, a única pergunta que vale em história, já que a história é a ciência da mudança social, isto é, da maneira como mulheres e homens em sociedade conseguem transformar coisas antigas em novas. Esta pergunta é: como se sai disso? Como é possível libertar-se de um sistema de dominação, de obediência, de opressão ou seja lá qual for o nome que vocês deem a isso, mas que, no papel, parece ser de fato implacável e cruel? Esse papel, repito, é o dos livros didáticos. Posso confessar uma coisa? Às vezes acho esses livros um pouco tristes, tristes e desesperançosos, apesar de a maioria ter sido escrita com seriedade e honestidade, vale lembrar. Sim, a Idade Média é a época dos castelos fortificados, como já disse. É assim que os jovens sonham com ela, e é também assim que os historiadores a descrevem. O modelo senhorial e feudal talvez esteja hoje um pouco desatualizado, mas tudo bem, globalmente ele ainda é verdadeiro. Daí a ensinar aos jovens apenas histórias de dízimo, de corveia, de mão-morta, de banalidades, de talha senhorial e de servidão (são tantos os termos técnicos e jurídicos que designavam as instituições ritualizadas que regulamentavam as relações fiscais entre senhores feudais e camponeses e a hierarquia entre os próprios senhores feudais!), ora, isso sim é um pouco triste e fora de uso. Será que aceitaríamos reduzir a descrição de nossa sociedade a um mero código fiscal?

Vale a pena se revoltar contra essa ideia, pois ela nos leva a acreditar na fatalidade da obediência e da credulidade. Se de fato uma e outra eram tão poderosas nos tempos dos castelos fortificados, por que não continuamos então a viver na Idade Média? Perdoem-me se estou me repetindo, mas é a única pergunta que conta hoje, quando se quer ensinar história. A história é a ciência da mudança — assim a definiu Marc Bloch, grande historiador e herói da Resistência —, ela deve primeiro ensinar os jovens a jamais desistir, quando tudo ao redor parece indicar que não há saída possível. Se ela tem valores a transmitir, são valores de emancipação, e não de resignação. Eis o que se deve dizer aos jovens, ainda mais em tempos especialmente difíceis como os de hoje. Dizer a eles da forma mais simples possível: estes tempos também chegam ao fim, mesmo os piores, mesmo os que se mostram inevitáveis e inalteráveis, já que desejados por Deus desde toda a eternidade.

Para me dar ânimo, fui então atrás de outros livros, livros que também lemos na escola. Mas não mais livros didáticos de história, nem aqueles que os bibliotecários colocam na estante "fontes primárias", mas sim contos, fábulas, lendas e romances de aventura. Neles, ao contrário, só se fala em liberdade, insolência, impertinência, filhos que se revoltam contra os pais, adolescentes em luta contra a injustiça, camponeses que se livram da sombra ameaçadora do castelo, salteadores que roubam dos ricos para dar aos pobres. Outra história se desvenda nessas leituras, uma história alegre e cheia de energia. Fui, de repente, tomado por uma dúvida: e se a literatura infanto-juvenil dissesse mais verdades sobre a Idade Média do que os próprios livros escolares? Essa pista merecia ser perseguida.

Ela nos leva ao encontro de dois grandes heróis da Idade Média que dominam amplamente o imaginário infantil: Ivanhoé, o cavaleiro indisciplinado, e Robin Hood, o bandido de bom coração. Acho que vocês conhecem tanto um como outro. Há quanto tempo nós os conhecemos? Aquilo que chamamos de "a Idade Média", ou a ideia que fazemos dela, com certeza tem origem no período medieval, mas foi profundamente reformulada no século XIX, em especial por escritores talentosos. Não se pode fugir disto: ainda hoje enxergamos a Idade Média pelos olhos deles. Quem inventou Ivanhoé e reinventou Robin Hood foi um romancista escocês do começo do século XIX chamado Walter Scott.

E o que esses dois personagens têm em comum? Os dois são solitários. O que, aliás, é um pouco estranho, pois na Idade Média era muito difícil ficar sozinho. Certas pessoas eram especialistas em solidão, profissionais do isolamento: os "eremitas". Abandonavam o grupo para se refugiar em grutas, fugiam das cidades rumo ao que as fontes documentais chamam de "desertos", mas que na Europa podiam ser florestas, fundos de vale úmidos ou altitudes solitárias de montanhas. Chamavam de "desertos" pela lembrança dos primeiros eremitas orientais, que se desgarravam da companhia dos homens, às vezes usando de uma imaginação incrível: é o caso dos estilitas, que se instalavam no alto de colunas para terem certeza de que estariam sozinhos, e também para ficar mais perto do céu, mesmo ao preço de arder debaixo do sol. Eram provas terríveis que elevavam quem se submetia a elas. Romper com a multidão para se isolar diante de Deus: a vida do eremita era uma espécie de revolta contra a promiscuidade.

Ora, justamente por esse mundo ser tão denso, havia um fascínio pela solidão. Quando se ficava sabendo que alguém havia conseguido alcançar a solidão, corria-se para venerar tamanha audácia. O eremita via então uma multidão de admiradores vindo em sua direção, uma massa de gente fervorosa. Essa é a história das sociedades monásticas, divididas entre o chamado "eremitismo" e o "cenobitismo" (isto é, a vida em comunidade), dando origem ao paradoxo de comunidades de seres isolados. Bem, vocês já entenderam, essa sociedade admira a tal ponto a solidão que não consegue respeitá-la. Isso vale também para os cavaleiros. A cavalaria é uma arte de combate praticada em equipe. Quando participa dos torneios, Guilherme Marechal, de quem já falamos, é o capitão da equipe da Inglaterra. Os cavaleiros caçam em grupo, e é por isso que adoram quando lhes contam histórias em que a solidão é uma revolta contra o grupo. As novelas de cavalaria são cheias de eremitas e de cavaleiros errantes. Se os historiadores que as leem concluem, a partir daí, que existiam cavaleiros errantes na Idade Média, estão redondamente enganados: na verdade, eles povoam as novelas por serem muito raros, e é essa raridade que fascina os que, ao tentar imitá-los, terminam fracassando.

Ivanhoé e Robin Hood são heróis porque se desgarram do grupo e partem rumo à floresta. Nas novelas de cavalaria do ciclo da Távola Redonda, há sempre um momento em que um jovem deve abandonar a roda do rei Artur para se aventurar na inquietante selvageria dos bosques: toda a intriga é como um fio esticado entre a corte e a floresta. São histórias de iniciação: os heróis se afastam na direção do estranho, do inquietante, das feiticeiras, dos eremitas e dos perigos indomados. Ali devem passar por provas, muitas vezes para poder reaver o nome perdido. A aventura é circular, é preciso sair para depois voltar, saber se desprender dos lugares familiares da infância para se tornar adulto. Eis o que o cavaleiro Ivanhoé e o salteador Robin Hood têm em comum: eles jamais retornarão.

Os dois são solitários, não têm pai e, ao redor deles, forma-se um bando: companheiros atraídos por seu carisma. Ambos se instalam na floresta, não estão lá de passagem, e é aqui que está a transgressão. Apesar disso, existe uma diferença entre os dois, uma diferença que salta aos olhos, ou seja, que se impõe como uma evidência visual. Não sei se vocês conhecem Ivanhoé, se leram algum livro, alguma história em quadrinhos ou se assistiram a algum filme que conte a sua história. O fato é que ele está sempre vestido de vermelho, a cor do poder, a começar pelo púrpura dos imperadores. Percebam que, para nós, o vermelho tornou-se a cor da revolução. Isso prova que a Idade Média serve para falar de tudo: da ordem e da transgressão da ordem. Voltaremos a esse assunto mais tarde. Por enquanto, vamos continuar com os nossos heróis. Se não estou certo de que vocês já viram Ivanhoé, nosso cavaleiro vermelho, tenho certeza de que todos aqui sabem como Robin Hood se veste: sempre de verde.

Será simplesmente porque mora na floresta? Não somente, pois as cores das roupas medievais têm um significado simbólico que depende de limitações muito concretas relativas às técnicas de tingimento dos tecidos. Naquela época, era muito complicado fabricar belos tons de verde — para um olho medieval, uma cor bonita é uma cor densa e profunda, equivalente a um tom escuro para nós. O verde não pega, sua tinta é instável, vira logo um amarelo desbotado. Simbolicamente, o verde tornou-se a cor da transgressão. Se vocês observarem imagens medievais, assim que virem alguém vestido de verde, atenção! É a cor dos jovens, dos loucos, da infidelidade amorosa. Os artistas de iluminuras e os pintores pincelam toques de verde como sinais visuais para alertar que alguma coisa está cheirando mal.

Michel Pastoureau contou essa história e muitas outras relativas às cores, aos animais e a tudo aquilo que diz respeito ao código simbólico das imagens na Idade Média. Ele até escreveu um livro — *O pano do diabo** — dedicado à história dos tecidos listrados, pois não há assunto menor para historiadores que sabem inventar, se surpreender e se divertir. Por que a história das listras nos interessa? Porque ela também representa a instabilidade e a transgressão, referindo-se a uma antiga interdição religiosa, no sentido próprio de tabu. Judeus, prostitutas e prisioneiros são ridiculamente vestidos de tecidos listrados, para

---

* *O pano do diabo: uma história das listras e dos tecidos listrados*. Rio de Janeiro, Jorge Zahar, 1993.

marcar sua exclusão. No bestiário medieval, os animais de pelagem listrada — as zebras, é claro, mas não somente — geravam desconfiança. No entanto, como a Idade Média produz sempre aquele famoso "efeito de panela", que tanto gosta de brincar maliciosamente com códigos transgressores, as listras também aparecem nos trajes do bufão.

Vocês conhecem essa figura do bufão, do bobo da corte do rei? Não tenho certeza de que ela tenha desaparecido das sociedades modernas: é uma forma de domesticar a subversão e, assim, quem sabe, evitar a revolta, fazendo as pessoas rirem do poder, mas com o consentimento tácito do próprio poder. A partir do século XVI, conotações positivas começariam a ser associadas às listras, sob a óptica da higiene. É por isso que os pijamas de vocês às vezes são listrados, assim como os colchões e até mesmo a pasta de dentes: as listras entraram para o mundo da infância e, com elas, as formas permitidas de transgressão. Tanto assim que, quando vocês veem, por exemplo, um desenho animado ou uma história em quadrinhos com um personagem vestido de listras, vocês logo se perguntam se ele é banqueiro ou se é malfeitor. Essa questão da instabilidade dos códigos simbólicos, de sua reversibilidade, é mais séria do que parece. Talvez ela explique por que é tão difícil se revoltar hoje em dia, quando todos os sinais se tornaram ambíguos. Nunca sabemos muito bem se a zombaria conforta ou desestabiliza a ordem. É por isso que a revolta hoje consiste primeiro em manipular os símbolos, para então ressignificá-los, apropriar-se de um universo estável e relativamente unívoco de significações.

Vamos seguir com a história de Ivanhoé e de Robin Hood, o cavaleiro vermelho e o salteador verde. Da perspectiva da história, existe entre os dois uma diferença essencial: Ivanhoé é um personagem completamente imaginário, inventado pelo escritor Walter Scott em um romance de 1819 que leva o seu nome. Nesse romance, Robin Hood aparece como personagem coadjuvante, com o detalhe de que a sua existência tem uma base histórica. Mas qual? Pergunta difícil e conflituosa entre os historiadores. Encontra-se um nome parecido (Robehod) em um processo de 1228, e esse mesmo nome volta a aparecer em baladas, canções e poemas. As primeiras ocorrências datam do final do século XIV, em um poema alegórico de William Langland chamado *Piers Plowman* [*Pedro, o lavrador*], que desenvolve em inglês uma crítica social relativamente severa. Percebam que a Inglaterra passava, então, por um período de comoção social (uma grande revolta camponesa havia começado em 1381) e que ela é atiçada por uma literatura política em inglês. Ora, em um país onde a língua do poder é o francês, expressar mensagens políticas em inglês é, por si só, um ato de rebelião.

As canções inglesas de Robin Hood pertencem, assim, a uma forma subversiva de contestação política — são *protest songs* [canções de protesto], como diziam os *hippies* nos anos 1960. Se as baladas que nos interessam hoje datam da época do que os historiadores agora chamam de "Guerra dos Cem Anos" (o conflito que opôs os reinos da França e da Inglaterra nos séculos XIV e XV), elas põem em cena personagens de uma época anterior, que viveram sob o reino de Ricardo Coração de Leão, no comecinho do século XIII. Cá estamos nós, devolvidos ao tempo da cruzada das crianças em 1212 e ao tempo de Guilherme Marechal. Portanto, as baladas chamam de "Robin Hood" um clima difuso de banditismo social que de fato existiu e foi encarnado em diferentes personagens históricos: nos anos de 1260, é possível que Robin Hood tenha sido um termo genérico para designar um criminoso, da mesma forma que o nome francês Jacques designa um camponês, o que explica que "revoltas camponesas", em francês, também sejam chamadas de *Jacqueries*.

Então esse Robin Hood, bandido de bom coração que se escondia na floresta com seu alegre bando para fugir do *sheriff* de Nottingham, existiu mesmo? Talvez não exatamente como reza a lenda, mas bem mais do que Ivanhoé, esse sim uma pura criação romanesca. Robin Hood é o nome de uma construção mitológica, isto é, de um conjunto de recordações interligadas (com diferentes personagens, diferentes aventuras e diferentes lugares) e dignas de memória.

Certos historiadores interessados pelos "rebeldes primitivos" quiseram fazer dessa base histórica uma expressão de lutas sociais. Roubar dos ricos para dar aos pobres: essa não seria uma definição aceitável da lógica de redistribuição de renda? Eric Hobsbawm, um grande historiador marxista britânico, colocava-se dentro dessa perspectiva, fazendo de salteadores como Robin Hood camponeses ou pequenos artesãos revoltados, indignados diante da arrogante riqueza da classe dominante. Bem que gostaríamos de acreditar nisso; infelizmente, as coisas são bem mais complicadas. Segundo pesquisas históricas mais recentes, se um ou mais Robin Hood realmente existiram, eles pertenciam à pequena nobreza, chamada de *gentry* na Inglaterra.

É preciso reconhecer que isso se encaixa muito bem no que já se conhece sobre os acontecimentos do início do século XIII. O então rei da Inglaterra, João Sem-Terra, perdeu uma importante batalha contra o rei da França, Filipe Augusto, na cidade de Bouvines, num domingo, dia 27 de julho de 1214. A nobreza detesta os reis que perdem, pois o ofício de um rei consiste em sair vitorioso. Eis por que toda derrota atinge inevitavelmente os alicerces da legitimidade dos soberanos. Os barões da Inglaterra se revoltaram contra João Sem-Terra, que lhes concedeu em 1215 a Magna Carta, texto fundamental que limitava a soberania do rei. A partir dessa data, a monarquia inglesa passou a ser uma monarquia controlada.

Em suma, o exato oposto da monarquia francesa. Às vezes, a história se depara com essas bifurcações: em 1215, de um lado e de outro do canal da Mancha, foi como se as duas lâminas de uma tesoura se distanciassem. O rei da França, exaltado pela vitória na batalha de Bouvines, torna-se cada vez mais poderoso e majestoso, confiante em sua eleição divina. Estou simplificando bastante, é claro: essa tendência francesa ao poder absoluto não deixará nunca de ser contrariada por uma nobreza também ela hostil ou mesmo desconfiada. Mas a tendência é essa, reforçada pela santidade do neto de Filipe Augusto, Luís IX, chamado de São Luís após sua canonização, em 1297. Não muito longe daqui de Montreuil, onde estamos agora, a praça da Nation, em Paris, está repleta de estátuas destes dois soberanos: o conquistador (Filipe é chamado de Augusto, pois *augere* significa "aumentar" em latim, e ele aumentou o tamanho do reino) e o santo.

A história de Robin Hood relata essa importante encruzilhada da história europeia, o momento em que os barões ingleses se revoltaram contra o rei por causa do resultado desfavorável da batalha. Seria o caso de dizer que os que se revoltam na Idade Média não são os humildes, mas sim os poderosos? Aqui, é preciso levar em conta um fato essencial: os nobres não somente acham que têm o direito de se revoltar contra um rei injusto, tirânico ou, ao contrário, inútil por conta de sua fraqueza, como afirmam em alto e bom som que têm o dever de fazê-lo. E isso acontece precisamente porque a monarquia francesa, ao contrário da inglesa, não está limitada por textos (como a Magna Carta) nem por instituições que derivam deles e que remetem a eles (como o Parlamento); é preciso que os nobres peguem em armas quando o arbítrio real vem ameaçá-los. Em nome de quê? Em nome do interesse geral do qual os nobres se acham os defensores naturais — entende-se com isso que eles gozam de uma disposição natural para o bem público, porque nasceram assim, herdaram isso e, por sua vez, vão legar essa disposição pelo sangue. Em poucas palavras, é o próprio *status* de privilegiado que os obriga ao dever de revolta. Lembrem-se de que foi assim que a Revolução Francesa começou: com uma revolta da nobreza um ano antes de 1789.

Tudo isso é um tanto incômodo diante da ideia elevada que fazemos da revolta. Começamos tranquilos em busca de heróis populares, no rastro alegre de Robin Hood, e eis que agora nos vemos diante de uma revolta da nobreza contra a realeza. Somente os grandes se revoltam? Claro que não. Na Idade Média e na época moderna, inúmeras revoltas de camponeses e de artesãos encadearam-se num verdadeiro ciclo de rebeliões. Para explicar rápido, digamos que os revoltados nunca eram os mais pobres entre os oprimidos, e que eles também nunca se revoltavam nos momentos mais terríveis da opressão. Durante muito tempo, os historiadores compilaram tabelas de números, calculando preços, salários, conjunturas econômicas, na esperança de, com isso, poder definir os momentos históricos e os perfis sociais mais propícios à revolta. Simplificando muito, diria o seguinte: nas cidades, o revoltado típico era o artesão especializado, instruído, inserido em uma rede de solidariedade e de politização, ou seja, ele podia ler ou ouvir discursos políticos de reivindicação social, sob a forma de texto, de imagens ou de canções. Ele podia participar dos debates, refletir sobre os discursos e articulá-los numa visão de mundo e de regras de ação para transformá-lo. Nosso revoltado típico não é pobre, mas teme a pobreza. As grandes revoltas raramente acontecem no auge da depressão: quando tudo vai muito mal, cada um se preocupa primeiro com a própria sobrevivência. Mas, quando uma mudança de conjuntura se esboça, quando, a um período de relativo bem-estar, sucede a ameaça de um empobrecimento generalizado, a situação se torna perigosa para o poder em vigor.

Essa Idade Média da qual estou falando a partir de agora foi chamada, por outro grande historiador, Jacques Le Goff, de "a longa Idade Média": ela não acaba com o descobrimento da América, em 1492, mas dura mais ou menos até a Revolução Francesa. Durante esse período, as revoltas tomam uma feição antifiscal — como foi o caso com Robin Hood. Do século XIII ao século XVIII, a sucessão de levantes contra os impostos constitui, como já disse, um ciclo de rebelião, algo como uma oposição surda, constante, volta e meia violenta e reiterada a cada momento. Mas atenção: revoltar-se contra o imposto não significa necessariamente revoltar-se contra o rei. Existem boas desculpas, a começar pelo suposto fato de o rei ser enganado por "maus conselheiros". O rei é bom, porém mal aconselhado: é o lugar-comum mais repetido no imaginário das revoltas, e essa repetição é um tanto desalentadora.

Mas, afinal, como o rei se comporta diante da revolta? Ele a reprime com rigor, executando os cabeças ou alguns pobres coitados escolhidos para dar o exemplo. Mas ele também perdoa bastante, mostrando-se magnânimo, pois a força e a graça são como a cara e a coroa da mesma moeda. Além disso, para restaurar sua autoridade, o rei trata de castigar alguns de seus maus conselheiros, satisfazendo o povo com uma justa vingança. É por isso que eu estava dizendo que a repetição das revoltas parecia, a nossos olhos de historiadores, um pouco deprimente: vemos que, no final, as revoltas acabam sempre reforçando a autoridade do Estado real. No caso francês, essa rebelião permanente caminha em paralelo à afirmação de uma monarquia de tendência absolutista, que não foi assim tão contrariada.

Isso significa que nunca ouviremos a voz dos revoltados? Que estamos condenados a assistir impotentes à consolidação da coerção do Estado monárquico, até que a Revolução venha varrê-lo? Não posso deixar vocês assim na mão, eu tinha prometido uma história arrebatadora! Justamente, quando se é historiador, ou sobretudo quando estamos estudando para isso, não devemos tomar nossos desejos por realidade. Seja qual for nossa vontade de ouvir falar de outra coisa, a única voz que vale ser ouvida é a voz dos arquivos. Eles não nos dizem nada por si sós, cabe a nós fazê-los falar, sendo que para isso é preciso chegar perto, debruçar-se, pôr-se à escuta, mostrar-se atento aos mínimos ruídos. Trabalhar na superfície do texto, como disse há pouco: o trabalho do historiador é preciso e sutil, é a arte de ler lentamente. Se querem uma confissão, diria de bom grado que isso me faz pensar naqueles filmes de faroeste da minha infância, quando os índios colavam a orelha nos trilhos do trem para ouvir a locomotiva chegar e se preparar para pilhar os vagões.

Vamos então nos aproximar lentamente e escutar. No início, não se ouve nada: isso já é conhecido, a história é escrita pelos vencedores, e só se conhecem as revoltas pelos arquivos que a repressão consente em documentar. Muitas vezes, isso quer dizer que são desqualificadas como revoltas. Vamos nos limitar a esclarecer esse aspecto da nomenclatura, visto que hoje estamos sempre empenhados em neutralizar armadilhas postas pelas próprias palavras: como qualificar a revolta, que denominação dar a ela? Para começar, os vencedores teriam preferido nem ter de falar do assunto. Há uma palavra em latim para o fato de não existir uma palavra para designar algo: *nefandum*. Aliás, é mais do que uma palavra, é uma categoria jurídica que qualifica algo tão terrível que seria melhor nem dar-lhe nome. Quando lemos uma crônica do século XII, por exemplo, não é raro nos depararmos com um trecho que diz: "Em tal ano aconteceu em nossa cidade algo tão espantoso que minha língua se consumiria em chamas se eu vos contasse". Algo aconteceu, mas é inominável. Vejam só onde viemos parar!

Um pouco acima desse grau zero da descrição, os cronistas podem designar a revolta — digamos, uma contestação coletiva inspirada em motivos políticos e potencialmente ameaçadora — por uma série de palavras, a saber: *discordia* (discórdia), *dissensio* (dissensão), *seditio* (sedição), *conspiratio* (conspiração), *conjuratio* (conjuração), *rumor* (rumor), *murmuratio* (murmúrio), *tumultus* (tumulto). O que essas palavras nos dizem? Que, antes de tudo, uma revolta é uma emoção coletiva, no sentido forte da palavra "emoção": aquilo que nos põe em movimento. É um movimento interno, algo que nos mexe por dentro e nos obriga a nos aglomerar. Essa agitação individual, pré-requisito para o disparo do movimento coletivo, acontece primeiro na linguagem: uma linguagem desarticulada (rumor, murmúrio) que, aos poucos, se torna um discurso. Esse discurso, por sua vez, põe em movimento a ordem social, dividindo-a (discórdia, dissensão) para repor em causa a obediência (sedição). Mas ele se concretiza pelo ato, pela aglomeração. Quando escritas em francês, as fontes documentais dizem: "com grande concurso do povo". Entende-se que o povo está reunido, que ocupa os lugares, em geral uma praça pública. É isso a revolta, nada além disso: corpos reunidos formando uma massa que ameaça. A violência pode existir (tumulto), ainda que não seja necessária, pois o que importa é a natureza pública do ato coletivo: é isso que opõe a conjuração, selada por um juramento feito em comum diante de todos (em latim, *con jure* significa "jurar junto"), à conspiração (uma combinação secreta, selada pelo mero fato de se "respirar junto").

Eis aonde eu queria chegar: todas essas palavras, que não dizem nada por si sós, que são escolhidas para dizer o mínimo possível, permitem, quando reunidas, compreender algo do cenário das revoltas. A partir de então, podemos fazer da necessidade uma virtude e interpretar o silêncio das nossas fontes e o desprezo social daqueles que as escreveram. Tomemos o exemplo do cronista alemão Herman Botte, que escreveu no início do século XVI na Baixa Saxônia, no norte da atual Alemanha. Ele descreve revoltas que aconteceram na cidade de Brunswick desde o final do século XIII. Ao todo, ele contabilizou dezoito revoltas, chamando-as de *Zwietracht*, tradução alemã de *dissensio*. Para classificá-las, Botte fez uso de uma tipologia animal herdada dos bestiários medievais. Ele distingue, assim, a "rebelião dos bois" de 1292-94, a "insurreição das trutas", entre 1374 e 1386, a "disputa dos lobos", em 1413-20. Claramente, nosso autor detesta os revoltados, transformando-os em animais. Mas quais? A revolta dos bois qualifica — ou melhor, desqualifica — uma revolta camponesa, a revolta dos miseráveis que labutam e arrastam sua miséria feito burros de carga. A revolta das trutas é a dos burgueses do conselho da cidade, que se revoltam contra seus senhores. Vocês entenderam a metáfora: eles chafurdam na lama da ingratidão; confiar neles equivale ao que hoje em dia seria dar pérolas aos porcos. Quanto aos lobos, eles designam sempre, no bestiário político da Idade Média, os aristocratas, esses predadores violentos e cruéis.

Tudo isso está começando a ficar mais divertido. Vocês já entenderam que, mesmo quando os cronistas só querem exprimir seu desprezo, acabam traindo alguma coisa sobre a qual prefeririam calar. É o caso também de uma grande história do reinado de Carlos VI, rei da França de 1380 a 1422, conhecida como *Crônica do religioso de Saint-Denis*. Seu autor, que escreve em latim, é evidentemente hostil às inúmeras revoltas que agitam esse reinado turbulento. Para o autor, elas são como um incêndio provocado por uma faísca (*scintilla*) ou mesmo por uma pequena faísca (*modica scintilla*). Mas quando ela cai sobre uma cinza ainda quente, que dava a ilusão de calmaria traiçoeira, o fogo se espalha e destrói tudo. A imagem serve para atemorizar. No texto, três em cada quatro vezes, a palavra *incendium* designa um verdadeiro incêndio que devasta uma casa, um vilarejo, uma cidade inteira. Essa metáfora não é comum na Idade Média, é até mesmo uma invenção literária do nosso autor. Assim, ela permite descrever, ao mesmo tempo, o descontentamento difuso (o fogo que minava por baixo das cinzas) e o disparo que deixa tudo em chamas.

O que serve de faísca? Geralmente um discurso inflamado, pronunciado por um líder de opinião. Esse homem exprime o descontentamento, a indignação ou a cólera. A cólera, *ira*, está associada a Deus, bem como a indignação, e é por isso que esses sentimentos são característicos da autoridade real. As decisões reais dizem que devemos obedecer, "sob pena de incorrer na indignação ou na cólera do rei". É por isso que, como já vimos, os grandes são os primeiros a exprimir seu descontentamento. O autor da *Crônica do religioso de Saint-Denis* tem muito mais dificuldade para falar da cólera dos humildes. Em geral, ela aparece como um grito desarticulado, expresso por todas as formas possíveis de animalização — vêm daí os clichês jornalísticos de hoje, que opõem, por exemplo, a "cólera dos usuários" ao "descontentamento dos assalariados". Pois, afinal, em que momento as revoltas estouram? Nosso cronista responde: quando a indignação é mais forte do que o medo. Mas, para vencer o medo, é preciso temeridade. Logo, os revoltados agem *absque rubore*, "sem ruborizar", isto é, sem vergonha nem temor de Deus. Ao dizer isso, não pensem que as fontes exaltam os revoltosos; muito pelo contrário, elas os condenam moralmente. Mas nós não somos obrigados a ouvi-las e entendê-las assim.

Eis aqui o que eu gostaria de mostrar hoje a vocês: um pouco do trabalho paciente do historiador que se debruça sobre as palavras do passado, esperando ouvir o barulho efêmero, sutil, frágil e intermitente de um murmúrio antigo. Pois, em matéria de saber e de poder, mesmo os sistemas mais vigiados permitem pequenas fugas de sentido. Gostaria de terminar fazendo vocês escutarem uma dessas fugas, encontrada numa anotação de arquivo e analisada num livro de Deborah Cohen a respeito do povo no século XVIII. Ela acontece ao fim dessa longa Idade Média das revoltas antifiscais, em 1775. Um serralheiro chamado Guy Moreau é interrogado pela polícia por ter gritado na rua Saint-Antoine, em Paris (a mesma rua onde teria início a Revolução Francesa, catorze anos mais tarde): "Viva o rei e abaixo a taxa do pão!". Ou seja, que o imposto sobre o pão seja reduzido, porque este acabou ficando caro demais. Agora vocês reconhecem aqui a expressão de um protesto característico dessa rebelião do Antigo Regime, que junta fidelidade ao rei e hostilidade à sua política. Só que, quando é preso, o nosso serralheiro não mantém suas palavras. Ouçam, vou citar o interrogatório da polícia: "Interrogado sobre porque teria gritado daquela forma na mencionada rua Saint-Antoine, respondeu que foi tomado por um capricho e reconheceu que, se não tivesse bebido, teria trabalhado em sua oficina e nada daquilo teria acontecido. Solicitado a declarar por que, em vez de trabalhar em sua oficina, estivera hoje para os lados de Saint-Antoine, respondeu que não sabia o motivo".

Guy Moreau é pressionado a confessar (a reconhecer, diz o interrogatório) que agiu fora de si e, consequentemente, que os poderes têm razão em desqualificar sua declaração. Reconhecemos aqui uma retórica da desqualificação do povo válida há muito tempo: o povo age por capricho, embriaguez, ociosidade, ignorância. Por enquanto, eu concordo com vocês, isso não é lá muito encorajador: o serralheiro diz exatamente aquilo que esperam dele para que se possa desconsiderar seu grito, ignorar o alcance político de seu ato. Ele é como uma criança que fez bobagem e que é pega em flagrante: primeiro ela diz "não fui eu", depois, "não fiz de propósito", e, finalmente, "não faço mais". Porém me desculpem, não está certo dizer isso: Guy Moreau não é uma criança, a revolta não é uma desobediência infantil e, diante dela, os poderes não devem "fazer pedagogia" (como se diz hoje, tão feiamente), mas levar em consideração o protesto.

Aliás, se continuarmos a leitura, compreenderemos que Guy Moreau não cede completamente. Mais para a frente, ele declara: "Disse lembrar-se de ter pedido pão, mas não se lembra de ter gritado". Ele reivindica então o direito a uma fala articulada, apesar de admitir que sua expressão não teve a forma devida: "É possível que tenha gritado mais do que devia ter feito". E depois, no meio da renúncia aparente a seu próprio pensamento, ele repete as razões que o levaram a se exprimir, confessando que "bebeu o dia todo sem ter comido". É uma forma de chamar o rei ao seu dever primeiro (alimentar o povo), que ele abandonou. Assim, o interrogatório se torna, furtivamente, uma tribuna. Assim, alguma coisa é dita, alguma coisa escapou.

Mas de qual tipo de fuga estamos falando aqui? Uma última palavrinha antes de concluir, de escutá-los e de tentar responder a suas perguntas. Procuramos a revolta na Idade Média e pensamos tê-la encontrado nos feitos heroicos de alguns dos grandes personagens da nossa infância, porque nos parecia que a revolta na Idade Média era justamente vinculada à infância. Depois, aprendemos a desconfiar dessa ideia, tentando ficar o máximo possível atentos às palavras, ao que podem dizer e ao que querem calar. Penetramos então nesse mundo de códigos e de símbolos que é a Idade Média, feita de cores, sons, signos, alegorias animais. Quando ficamos sabendo que Robin Hood teria sido um pequeno nobre, e que a aristocracia se vangloriava de seu dever de revolta, francamente, acho que foi uma decepção. Em seguida, ainda nos esforçamos para superar essa decepção, para nos convencermos de que a revolta se exprimia nas fontes documentais, mesmo onde quiseram abafá-la, e que então, apesar de tudo, devemos fazer um esforço para tentar escutá-la.

O que restou agora é uma revolta menos heroica, menos vistosa, menos romanesca, talvez. Não estamos apenas limitados a escolher entre a obediência e a rebelião. As crianças sabem bem disso, sabem como enfurecer seus pais fazendo birra, arrastando os pés, fingindo, rindo às escondidas. Quando falei de fuga, trata-se também disto: se a Idade Média é a época dos castelos, precisamos lembrar que a deserção era o que os senhores mais temiam, visto que eram empreendedores do povoamento. Entende-se por isso a possibilidade que os camponeses tinham de ir embora, de sair para procurar em outro lugar, longe dali, algum senhor mais bem-disposto em relação a eles. Sobre esse aspecto, os livros didáticos de história contam a verdade: a partir do século XII, os direitos e deveres de cada um são registrados por escrito — é o que chamamos de "movimento de normatização dos costumes". Às vezes, quando as comunidades camponesas são fortes e unidas, elas conseguem negociar os tributos que devem pagar — daí vêm todos aqueles nomes complicados que devem ser aprendidos na escola (mão-morta, *formariage* [taxa matrimonial] etc.). Tão logo a regra se torna conhecida, a arbitrariedade recua: pode-se sempre comparar a severidade dos poderes e, se for o caso, tentar fugir dela.

Ir embora, portanto. Mas não como os cavaleiros errantes ou os eremitas: partir em grupo, num movimento coletivo e organizado, debandar para tornar a dominação inoperante. É isso que perseguem os poderes. Não pensem que isso só diz respeito à Europa medieval.

Chamamos de *ikki*, em japonês, a coalizão dos camponeses revoltados contra a opressão feudal, pois o Japão também viveu sua época de castelos e de cavaleiros — os samurais. Fazer *ikki* significa "fazer comunidade": o gesto não é necessariamente de rebelião, mas pode se tornar. Em algumas fontes documentais medievais japonesas, podemos ler que os camponeses em coalizão "esparramaram os bambus" (*sasa wo hiku*): devemos talvez entender por isso que eles cobriram de ramos e de folhas de bambu não somente a entrada das casas como também os campos. Esquivar-se da dominação do poder, bloqueando o acesso aos recursos e refugiando-se nas montanhas: eis aqui uma forma muito eficaz de se opor — ausentando-se. Lê-se em uma crônica da corte real da Malásia do século XVII: "É costume dos reis se autonomearem reis quando possuem ministros e súditos. Mas, se não houver súditos, quem prestará homenagem ao rei?"

Acho que agora vocês entenderam aonde eu queria chegar — isto é, que ideia eu gostaria de discutir com vocês. Uma ideia simples, no final das contas. Ela consiste em dizer que, entre obedecer cegamente e se revoltar violentamente, existe uma gama de atitudes possíveis: mau comportamento, omissão, artifícios. Fingir ou fugir. Não se deixar humilhar, não se deixar governar, inventar sua própria vida, opor de forma tenaz e livre seu modelo de existência. Permanecer aqui, obstinadamente, ocupar a praça ou, ao contrário, ir embora, partir rumo à aventura.

Há tantas formas de se opor à história com maiúscula, à história do grande confronto entre o Estado e a Revolta, à História com um H maiúsculo, que é também, como dizia maliciosamente o escritor Raymond Queneau, "a história com um grande machado".* A Idade Média serve para virar de cabeça para baixo tudo isso, para tudo profanar alegremente, para não se deixar intimidar pelo heroísmo dos grandes começos. Falei dos pequenos personagens que se agitam nas margens das páginas. Eles nos relembram essa evidência: a história é uma arte da emancipação. Ela mostra que, a todo momento, da forma que for possível inventá-la e para cada um de nós, outra história é sempre possível.

MONTREUIL, 13 DE FEVEREIRO DE 2016

* Em francês, "*l'histoire avec une grande hache*": a letra H e a palavra "machado" (*hache*) têm a mesma pronúncia. (N. T.)

PERGUNTAS & RESPOSTAS

Ser pirata também era uma forma de revolta?
Os piratas já existiam na Idade Média. Havia bom número deles nos mares, no Mediterrâneo, mas não somente. Com essa pergunta, talvez você esteja pensando nos piratas da época moderna, que cruzavam o Atlântico, mas não se deve confundi-los com os corsários, que agiam por conta dos Estados monárquicos. Então, sim, você tem razão: os piratas criam uma espécie de contrassociedade, que obedece apenas a suas próprias regras. Temos uma imagem terrível dos piratas pelas razões que acabo de citar. Eles não escreveram muito sobre si mesmos: quem escreveu foram aqueles que os combatiam. Os historiadores devem encarar os piratas como fazem com os heréticos, os revoltosos, todos aqueles que fazem parte do "lado mau" da história. Deles, só sabemos o que seus inimigos quiseram nos contar. Mas, apesar disso, podemos inverter a perspectiva e contar a história de maneira diferente, a partir das aventuras desses bandidos dos mares — poliglotas, cosmopolitas e rebeldes. Pois, talvez, os piratas também defendessem uma necessidade de emancipação

e de democracia radical. Podemos também contar essa história a partir das revoltas dos escravos nos navios negreiros. Os escritores possivelmente fizeram isso antes dos historiadores, mas estes estão hoje empenhados nisso (é o caso do grande historiador americano Marcus Rediker). Isso prova que a literatura compreende a história tanto quanto ou quem sabe até mais do que a própria história contada pelos historiadores.

A Noite de São Bartolomeu foi um tipo de revolta? Por que você acha que poderia ser um tipo de revolta?

Porque os protestantes se revoltaram contra os católicos e contra o rei.
Sim, é verdade. De certa forma, aquilo que chamamos de "guerras de religião", o confronto violento e armado entre católicos e protestantes na França do século XVI, foi antes de tudo uma guerra civil. Durante essa guerra civil, inventou-se ou foi reinventada uma palavra utilizada primeiramente para falar dos acontecimentos da Noite de São Bartolomeu (dia 24 de agosto de 1572) e que, infelizmente, ainda é utilizada hoje: o "massacre". Esse termo designa o assassinato em massa da população civil desarmada. A pergunta que você me fez aponta de imediato para algo que nos preocupa atualmente: a relação entre a contestação social, a revolta política e o conflito confessional. O que você pergunta me obriga a relativizar o que eu disse.

Querendo ser otimista, falei de algumas revoltas que achamos até bem simpáticas. Mas tomemos agora o exemplo da Jacquerie, a revolta dos camponeses das regiões de Île-de-France, Champagne e Picardia, em 1358. Ela começou com um levante em Paris — a revolta de Étienne Marcel, em parte desencadeada pela derrota do rei João II de França, o Bom, na cidade de Poitiers, dois anos antes. Assim que um rei perde uma batalha, ele deixa de ser o provedor, já que somos providos tanto de pão como de glória, permitindo então que nos revoltemos contra um rei vencido. No entanto, a Jacquerie é uma revolta contra o rei e também contra os nobres. Em termos de crueldade e de atrocidade, é comparável à Noite de São Bartolomeu, com suas cenas horríveis — crianças assassinadas, cadáveres ultrajados. Isso nos diz duas coisas. Em primeiro lugar, esse sistema regrado do qual falei pode se desregrar. Em segundo lugar, o fervor religioso não é a única paixão suscetível de se desregrar. A prova é que a Jacquerie é uma guerra civil de extermínio de nobres movida pelo ódio social. "Ódio" é uma palavra muito pesada, mas que sempre reaparece nas fontes documentais. Trata-se de uma força poderosa da história. Agradeço pela sua pergunta, pois, ao respondê-la, acabei me dando conta de que talvez eu tenha "pegado leve" demais. De fato, essa dimensão existe, tanto nas guerras civis como nas guerras de religião que têm a marca do ódio social, como é o caso da Noite de São Bartolomeu.

As mulheres se revoltavam?
Acho que você vai gostar de assistir ao filme *Les filles au Moyen Âge* [As moças na Idade Média], de Hubert Viel. Ele brinca com a ideia de que as moças tinham mais poder nessa época do que na época seguinte. Apesar de não ser mentira, o cineasta exagera um pouco, cá entre nós. Ele faz como nós estamos fazendo aqui, isto é, ele fala ao mesmo tempo da Idade Média e da atração juvenil que temos por ela. É claro que encontramos, nos relatos de revoltas, muitas personagens femininas que, volta e meia, agem como líderes. Um exemplo: uma grande revolta aconteceu em 1381, bem no começo do reinado de Carlos VI, a revolta dos Maillotins de Paris. Na hora de morrer, seu pai, Carlos V, também conhecido por Carlos, o Sábio, resolveu abolir os impostos. Talvez estivesse com medo de ir para o inferno. Saiu-se bem, mas complicou a vida de seu sucessor: o jovem Carlos VI, que não pôde fazer outra coisa senão reestabelecer os impostos, logo se viu com uma revolta nas costas. A revolta estourou nas cidades de Rouen (a revolta da Harelle) e de Paris, onde ficou conhecida como "a revolta dos Maillotins", uma vez que os revoltados iam buscar marretas — *maillets* —, no bairro de Châtelet, para dar na cabeça dos funcionários reais. Ora, a pessoa que desencadeou a revolta dos Maillotins foi uma vendedora de frutas e legumes que gritara contra o imposto. É bastante comum que o estopim seja dado por uma mulher, por um grito femini-

no num espaço público. Porém, ela se revolta contra sua condição social, não contra sua condição de mulher. Será que em determinados meios sociais era possível uma mulher se revoltar contra sua condição feminina, que a obrigava, entre outras coisas, a não escolher seu marido? Talvez por meio do amor cortês, um grande tema da literatura de cavalaria — que também aparece no filme de Hubert Viel que comentei há pouco. Mas o mesmo problema persiste: o amor cortês existe para além da literatura? Essa questão é um pouco complicada. No amor cortês, a jovem se revolta para afirmar sua liberdade sentimental contra a ordem do pai, que escolhe seu marido. Essa revolta remete àquela do vassalo contra o senhor, e é assim que nos deparamos com os triângulos amorosos clássicos (e classicamente impossíveis): o cavaleiro se apaixona pela esposa do seu senhor. Isso corresponde a uma prática social? Ou será que, ao contrário, esse tipo de literatura era lido como se liam as aventuras dos eremitas e dos cavaleiros errantes, justamente por serem tão raras? Os historiadores discutem, e discutem muito, porque no fundo não sabem lá grande coisa sobre a história das emoções verdadeiramente sentidas.

Certas revoltas também são negativas — os terroristas, por exemplo.
Negativas, mas por quê?

Elas não são justas.
Mas será que todas as revoltas sobre as quais falei hoje aqui foram justas? Justas em nome de quê? As revoltas dos nobres contra o rei não visavam necessariamente a defender o bem comum, o interesse de todos, mas seus próprios interesses. Os nobres se revoltavam contra o rei porque ele pretendia fazê-los pagar impostos, como na Inglaterra.

O terrorismo é uma outra coisa, e eu entendo que você esteja pensando nele. Nós todos estamos pensando nisso. Vemos bem que certas revoltas não são justas, que defendem interesses particulares de grupos em guerra ou de Estados, interesses egoístas. O que torna o terrorismo difícil de compreender é também uma questão de uso de palavra, de designação. Temos dificuldade de qualificá-lo, inclusive do ponto de vista legal. Como temos dificuldade de achar a palavra certa, temos que prestar atenção para não sermos levianos, para não utilizarmos as palavras que bem queremos, sem pensar nas consequências. Eu sou muito mais velho que você, minha geração achou sinceramente que sempre tínhamos razão de nos revoltar. Mas você está certo, talvez seja uma ilusão. Se destacarmos a palavra "revolta" do ideal político no qual nos situamos, então a revolta pode resultar nos massacres da Noite de São Bartolomeu, no terrorismo ou em toda e qualquer forma de ação violenta contra a ordem social.

No esporte, encontramos um pouco o mesmo princípio de que as pessoas não ficam nada contentes quando o rei perde uma batalha.

É claro! Eu falei dos cavaleiros que participam de torneios. O esporte é a melhor maneira de entender esses torneios, essas grandes competições. No esporte, quando um time ganha suas partidas, dizemos que a escolha feita pelo técnico foi acertada; se o time perde, nos perguntamos se não seria melhor trocá-lo. Para usar um termo complicado, chamamos isso de "deslegitimar". O rei é legítimo enquanto está ganhando, mas, quando começa a perder, passamos a achar que o poder que ele exerce sobre nós talvez seja injusto. Foi assim com o rei da Inglaterra, depois da batalha de Bouvines. A respeito do Domingo de Bouvines, o historiador Georges Duby explica que uma batalha, na Idade Média, é muito mais do que um episódio de guerra, é como um duelo judicial no qual Deus fica encarregado de armar o braço do vencedor, escolhendo seu campeão. Aquele que vence a batalha não será considerado apenas o mais forte, mas também o mais justo: ganhou porque tinha razão. Eis por que o resultado da batalha se impõe a todos, sejam eles vencedores ou perdedores. João Sem-Terra é o perdedor. Todo mundo aceitou isso, até mesmo os ingleses. A batalha é ainda mais excepcional que um jogo de futebol, pois, no jogo, quem ganha nem sempre merecia ter ganhado. Mas, numa batalha, todos estão convencidos de que o vencedor ganhou de uma vez por todas. Não é somente por ter perdido uma batalha que o rei não é mais rei, mas por ter sido renegado pelo céu. É muito fácil despir um rei e, uma vez que ele tenha sido visto inteiramente nu, não será mais possível fazer de conta que nada aconteceu. Ele pode até se vestir de novo, mas ninguém mais lhe obedecerá.

O texto "Eu acuso!", do escritor Émile Zola, também foi uma revolta?
Sim, claro! Aqui temos um caso de revolta ligada a um ideal, um ideal de justiça. Em 1898, quando Zola escreveu esse artigo intitulado "Eu acuso!", em defesa da inocência do capitão Dreyfus, ele estava interpelando o presidente da República de então, mas também a opinião pública. Ele fez a mesma coisa que Voltaire havia feito no caso Calas, um protestante da cidade de Toulouse executado em 1762 por um crime que não cometera. Zola e, antes dele, Voltaire tomam partido por uma causa e a defendem, ainda que ela não seja de seu interesse imediato, afinal não eram eles que estavam sendo acusados. Acusando a acusação, acusando a justiça de estar sendo injusta, Zola sabe muito bem que ele próprio se tornará acusado. Essa é a mais bela das revoltas, a revolta que obedece a um ideal desinteressado. O que você me perguntou me faz pensar em uma coisa: será que houve algum "Eu acuso!" na Idade Média, isto é, uma revolta desinteressada? Acho que sim. O direito de se revoltar

por amor à justiça sempre foi recusado ao povo. Ora, quando olhamos as coisas de perto, nenhuma força é maior do que a indignação diante da injustiça. Os jovens sabem muito bem disso. O que mais provoca a indignação é a injustiça. Não há motivo algum para recusar às populações de outros tempos essa capacidade de se revoltar, não para defender seus interesses, mas sim para defender os valores que elas julgam lesados. Obrigado pela pergunta, ela é muito profunda.

O senhor disse há pouco que os historiadores trabalham a partir de documentos escritos e que, no que diz respeito à Idade Média, as revoltas eram silenciadas. A partir de quando, na França e em outros países, os escritos passam a dar nome às revoltas?
Para simplificar um pouco, eu me limitei aqui a esse período da Idade Média que começa nos séculos XII e XIII. Certas revoltas são claramente designadas como tais antes disso, especialmente em torno do ano 1000. Por exemplo, houve uma revolta de camponeses normandos em 996, e ela deu origem, mais tarde, ao poema *Le Roman de Rou*, de Wace. Ele não é completamente desfavorável aos rebeldes — ao que parece, camponeses revoltados contra os senhores, ao mesmo tempo que os senhores se revoltavam contra o duque da Normandia. É preciso reconhecer que, naqueles tempos, a heresia era uma das expressões privilegiadas da revolta, uma con-

testação social que se exprimia por meio de uma escolha religiosa. Eu não quero dizer com isso que ela veste uma máscara de escolha religiosa, pois essa escolha é de fato sincera — mas de todo modo é por esse viés que a revolta social se exprime. Em seguida, mas não antes do século XIV, acho que a revolta se enunciava mais diretamente como política. É nessa hora que todo um vocabulário se fixa, como vimos. É um momento no qual as revoltas acontecem por todo lado. Já falei da revolta parisiense dos Maillotins, em 1381, mas ela vem depois da revolta dos Ciompi, em Florença, no ano de 1378, e também da revolta dos camponeses, na Inglaterra. Um levante começa ao mesmo tempo em Barcelona e em vários outros lugares. Os historiadores dos anos 1970 exaltaram essa primeira "primavera dos povos". Seja como for, trata-se aqui de um movimento europeu que se apresenta em termos políticos. A partir daí, dois modos de organização política da revolta começam a se distinguir. Esse aspecto é interessante, pois o vocabulário ainda está conosco, mesmo se o ouvido distingue mal estas duas palavras: a "conspiração" e a "conjuração". A conjuração é uma revolta que resulta de um juramento público — a *conjuratio* reside no fato de jurar junto — e, portanto, de uma reivindicação publicamente anunciada.

No século XIV, uma série de revoltas começam com uma conjuração: um pequeno grupo se reúne ao redor de um líder, e juram juntos que irão agir até obter certo resultado. Lendo as fontes, não é possível saber se o poder tem mais medo da conjuração ou da conspiração. A conspiração é tão secreta quanto a conjuração é pública. Conspirar quer dizer "respirar junto", e tudo acontece, então, nos bastidores. Uma outra história se abre: revoltas, revoluções, conspirações, revoluções palacianas, golpes de Estado. São formas puramente políticas que consistem menos em fugir do poder do que em tomá-lo, ao fim e ao cabo. Não creio que esse fenômeno apareça antes do século XIV.

Duas coisas que o senhor disse sobre a história me tocaram especialmente: mesmo o pior sempre chega ao fim e, sendo a história uma arte da emancipação, uma outra história é sempre possível. O senhor poderia nos explicar de que forma a história pode nos dizer coisas sobre o mundo em que vivemos hoje?
Sim, isso me parece importante, por exemplo, a propósito do terrorismo. Eu moro num bairro de Paris — no 10º *arrondissement* — que foi diretamente atingido pelos atentados de 13 de novembro de 2015. Eu tenho duas filhas, uma de seis, a outra de nove anos, que falam do "atentado" — sem dúvida confundindo os dois ataques de janeiro e de novembro — como de um só e mesmo momento que marcou uma divisão em suas vidas. O que eu posso dizer? Não posso ficar apenas repetindo minha moral mínima, minha pequena bagagem de consolação.

Mas a história pode fornecer um *kit* de sobrevivência e outras defesas contra o fatalismo: seja qual for a situação, não existe exemplo histórico em que o pior dure eternamente. A situação pode sempre se agravar, ainda estamos vivendo esse momento, e o pior talvez ainda esteja por vir, mas no final sempre acontece algo que não necessariamente prevíamos. É uma evidência, é uma banalidade que pode nos servir de tábua de salvação. Isso porque a história é incompreensível, mas reversível, porque ela não é uma fatalidade, escrita desde sempre, porque a todo tempo ela pode nos surpreender ou passar longe do que havíamos previsto; isso quer dizer que ela é rica de potencialidades inacabadas, rica de todos os possíveis. É claro que todas as revoluções terminam mal. E de que outro jeito poderiam terminar? Isso não significa que a verdade por trás delas tenha que necessariamente residir na sua queda fatal; a verdade está nas possibilidades que elas abrem. Tomemos como exemplo as revoluções árabes de 2011. Estamos agora em 2016 e é claro que, cinco anos depois, as coisas estão piores, mas citem uma única revolução em que a situação não tenha se agravado em cinco anos. O fato histórico por vir não está fechado. Fazer a história da revolução de 1848 ou da experiência comunal na Idade Média não é fazer a história do que afinal se fechou, mas do que se abriu a partir dali. A todo momento, vemos aberturas, frestas, espaçamentos, possibilidades. Sou também editor, então eu faço as pessoas escreverem livros ou acompanho a escrita de livros; um livro que acaba de ser publicado — *Pour une histoire des possibles* [Por uma história dos possíveis] — foi escrito por dois colegas e amigos historiadores, Quentin Deluermoz e Pierre Singaravélou. É a história dos futuros não realizados. A história está cheia do que aconteceu e do que não aconteceu, e o que não aconteceu ainda está disponível, está ao alcance das mãos. É isso o que eu queria dizer.

Entendi que existe uma forma de revolta que o senhor julga particularmente eficaz: ir embora, mudar de espaço e de ecossistema. Até onde vale se revoltar, e qual é a hora de partir? Quando consideramos que ir embora é uma forma de revolta mais eficaz que combater o sistema no qual estamos?
Não sei como responder a essa pergunta, mas posso desenvolver a ideia que tenho na minha cabeça. Estava fazendo alusão a um livro de Albert Hirschman, chamado *Saída, voz e lealdade*.* A ideia é a seguinte: em caso de desacordo, ou nos submetemos, ou tomamos a palavra ou vamos embora. Esse livro aborda o comportamento dos consumidores americanos em relação aos produtos de que eles não gostam. Se você gosta dos cereais que come no café da manhã, se o fabricante muda a receita e

---

* *Saída, voz e lealdade*. São Paulo: Perspectiva, 1973.

se você passa a não gostar mais, ou você se acostuma, ou você organiza um grupo de consumidores para protestar (o que é comum nos Estados Unidos, mas raro na França) ou você troca de marca. A última opção é a que mais incomoda os produtores. Hirschman diz que, no fundo, o abandono é uma forma bastante poderosa de contestação. Isso é bastante evidente, mas é preciso que a coisa seja organizada. São modos de lenta destituição de poder que se dão pela paralisia, mas que são um tanto negligenciados por não fazerem totalmente parte da nossa cultura de confronto, apesar de serem muito poderosos. Se você se interessa por esse assunto, o antropólogo americano James Scott escreveu um livro chamado *Zomia*, sobre os camponeses da Birmânia, da Tailândia, do Vietnã e de outros países do sudeste da Ásia que escapam da dominação do Estado refugiando-se nas montanhas. Zomia é o nome da uma zona que está fora do controle dos poderes de hoje e que já conta com milhões de habitantes. Isso quer dizer que nós podemos enfrentar o poder, mas que também podemos agir pelas suas costas. Eu falei das primaveras árabes. Elas nos mostraram o incrível poder político do agrupamento. Dizem que essas revoluções se deram pelas redes sociais (Twitter, Facebook), mas, ao mesmo tempo, foram tudo menos virtuais ou desmaterializadas. Estamos vendo que nenhum poder, mesmo ou sobretudo o mais autoritário, o mais repressivo, pode resistir por muito tempo à pressão, ainda que pacífica, de uma multidão que não volta para casa, que ocupa os lugares. Os ativistas políticos estão refletindo sobre essa questão a propósito dos movimentos *occupy*. A ocupação é uma forma de resistência. Para responder sua pergunta, acho que, além da possibilidade do confronto, também podemos nos reunir ou nos dispersar, ocupar os espaços ou, se não, ousar renunciar a eles — e, ouvindo vocês, entendo que há um temor legítimo diante da violência.

SOBRE A COLEÇÃO

Fábula: do verbo latino *fari*, "falar", como a sugerir que a fabulação é extensão natural da fala e, assim, tão elementar, diversa e escapadiça quanto esta; donde também falatório, rumor, diz que diz, mas também enredo, trama completa do que se tem para contar (*acta est fabula*, diziam mais uma vez os latinos, para pôr fim a uma encenação teatral); "narração inventada e composta de sucessos que nem são verdadeiros, nem verossímeis, mas com curiosa novidade admiráveis", define o padre Bluteau em seu *Vocabulário português e latino*; história para a infância, fora da medida da verdade, mas também história de deuses, heróis, gigantes, grei desmedida por definição; história sobre animais, para boi dormir, mas mesmo então todo cuidado é pouco, pois há sempre um lobo escondido (*lupus in fabula*) e, na verdade, "é de ti que trata a fábula", como adverte Horácio; patranha, prodígio, patrimônio; conto de intenção moral, mentira deslavada ou quem sabe apenas "mentira gentil do que me falta", suspira Mário de Andrade em "Louvação da tarde"; início, como quer Valéry ao dizer, em diapasão bíblico, que "no início era a fábula"; ou destino, como quer Cortázar ao insinuar, no *Jogo da amarelinha*, que "tudo é escritura, quer dizer, fábula"; fábula dos poetas, das crianças, dos antigos, mas também dos filósofos, como sabe o Descartes do *Discurso do método* ("uma fábula") ou o Descartes do retrato que lhe pinta J. B. Weenix em 1647, segurando um calhamaço onde se entrelê um espantoso *Mundus est fabula*; ficção, não ficção e assim infinitamente; prosa, poesia, pensamento.

PROJETO EDITORIAL Samuel Titan Jr. / PROJETO GRÁFICO Raul Loureiro

SOBRE O AUTOR

Patrick Boucheron, nascido em Paris, em 1965, é um historiador especializado na Idade Média, em particular na península italiana. Depois de concluir os estudos na Escola Normal Superior de Saint-Cloud e o doutorado na Sorbonne, ensinou em diversas instituições antes de ser eleito em 2015 para uma cátedra no Collège de France. Entre seus livros, destacam-se *Léonard et Machiavel* (2008) e *Conjurer la peur: Sienne, 1338* (2013). Intelectual presente na cena pública, Boucheron coordenou dois projetos editoriais em que tentou levar a prática de sua disciplina além do campo das histórias nacionais: *Histoire du monde au XVe siècle* (2009) e *Histoire mondiale de la France* (2017).

SOBRE A TRADUTORA

Cecília Ciscato nasceu em São Paulo, em 1977. Graduada em Letras pela Universidade de São Paulo (2011), é também mestre em língua francesa pela Université Paris Descartes (2015). Traduziu o *Discurso do prêmio Nobel de literatura 2014*, de Patrick Modiano (Rio de Janeiro: Rocco, 2015), e verteu, para a coleção Fábula, *Que emoção! Que emoção?*, de Georges Didi-Huberman (2016), *Outras naturezas, outras culturas*, de Philippe Descola (2016) e *O homem que plantava árvores*, de Jean Giono (2018, em colaboração com Samuel Titan Jr.).

SOBRE ESTE LIVRO

SOBRE ESTE LIVRO *Como se revoltar?*, São Paulo, Editora 34, 2018 TÍTULO ORIGINAL *Comment se révolter?*, Paris, Bayard, 2016 © Patrick Boucheron, 2016 EDIÇÃO ORIGINAL © Bayard, 2016 TRADUÇÃO © Cecília Ciscato PREPARAÇÃO Leny Cordeiro REVISÃO Flávio Cintra do Amaral, Nina Schipper PROJETO GRÁFICO Raul Loureiro ESTA EDIÇÃO © Editora 34 Ltda., São Paulo; 1ª edição, 2018. A reprodução de qualquer folha deste livro é ilegal e configura apropriação indevida dos direitos intelectuais e patrimoniais do autor. A grafia foi atualizada segundo o Acordo Ortográfico da Língua Portuguesa de 1990, que entrou em vigor no Brasil em 2009.

CIP — Brasil. Catalogação-na-Fonte
(Sindicato Nacional dos Editores de Livros, RJ, Brasil)

Boucheron, Patrick, 1965
Como se revoltar? / Patrick Boucheron;
tradução de Cecília Ciscato — São Paulo:
Editora 34, 2018 (1ª Edição).
64 p.(Coleção Fábula)

Tradução de: Comment se révolter?

ISBN 978-85-7326-694-8

1. Ensaio francês. I. Ciscato, Cecília. II. Título. III. Série.

CDD-844

TIPOLOGIA Fakt PAPEL Pólen Bold 90 g/m^2 IMPRESSÃO Bartira Gráfica e Editora, em maio de 2018 TIRAGEM 3.000

Editora 34
Editora 34 Ltda. Rua Hungria, 592
Jardim Europa CEP 01455-000
São Paulo — SP Brasil
TEL/FAX (11) 3811-6777
www.editora34.com.br